AF370237

ORDONNANCE

DV ROY, PORTANT

defenses à tous ses sujets de porter
ny vser d'oresnauant d'aucuns paf-
semens, poincts couppez & dentelles, tant en leurs collets & manchettes, qu'en tout leur autre linge, sur les peines y portees, à com-
mencer au premier iour de No-
uembre de la presente année.

Leuë & publiée en Parlement, le 22. Iuin 1626. Et con-
firmée par lettres du Roy publiées à son de trompe,
le 19. Octobre audit an.

A PARIS,

Chez C. MOREL, P. METTAYER, &
A. ESTIENE, Imprimeurs
ordinaires du Roy.

M. DC XXVI.

Auec Priuilege de sa Maiesté.

LOVIS par la grace
de Dieu , Roy de
France & de Na-
uarre, A tous presens & à
venir, Salut. Encores que les
Roys nos predecesseurs &
nous à leur imitation, ayons
faict diuers Edicts & Or-
donnances, pour reprimer
& corriger le luxe & les su-
perfluitez des habillemens
& meubles de nos subjets,
& pour les contenir dans
la modestie conuenable à
leur condition : Neant-

moins, il n'auroit encores
esté faict aucun reglement
sur le faict des passemens,
poincts couppez & dentel-
les, d'autãt que nosdits subjets en auroiét vsé au temps
que lesdites Ordonnances
ont esté faictes, auec si peu
de despense qu'il n'auoit pas
semblé estre necessaire d'y
apporter aucune reforma-
tion. Mais comme le luxe
s'accroist de iour en iour en
toutes choses, l'vsage & le
prix de ces ouurages est
monté à tel excez, que l'on
recognoist que la despense

ordinaire des familles en est augmentee d'vne bonne partie : Et ce qui importe le plus est, qu'outre l'incommodité que les particuliers en souffrent, le general du Royaume en reçoit vn grãd preiudice, en ce que lesdites ouurages qui sont inutiles, & qui ne durent point, espuisent de notables sommes de deniers noftre Royaume pour les porter aux Estrangers, sans en tirer aucune commodité. A quoy desirans pouruecir, apres auoir mis cet affaire en deliberation

tion en noſtre Conſeil, où
eſtoient la Royne noſtre
tres-honoree Dame & Me-
re, aucuns Princes de noſtre
Sang, autres Princes Officiers de noſtre Couronne,
principaux Seigneurs & notables perſōnages de noſtre
Conſeil d'Eſtat. Sçauoir
faiſons, Que nous pour ces
cauſes & autres bonnes con-
ſiderations à ce nous mou-
uans, De noſtre certaine
ſcience, pleine puiſſance &
auctorité Royale, Auons
par ces preſentes ſignees de
noſtre main, faict & faiſons

tres-expreſſes inhibitions &
defenſes à tous nos ſubjets,
de quelque ſexe, aage, condition & qualité qu'ils ſoiét,
de porter ny vſer d'oreſna-
uant à l'aduenir , tant en
leurs collets & manchettes,
qu'en tout autre linge, des
paſſemens, poinĉts couppez
& dételles, de quelque qualité & façon qu'ils puiſſent
eſtre , ſoit qu'ils ayent eſté
manufaĉturez en cettuy
noſtre Royaume, païs, terres & Seigneuries de noſtre
obeïſſance , ou aux païs
eſtrangers , ſur peine aux

contreuenãs de quinze cens
liures d'amende, applicables
les deux tiers aux pauures,
& l'autre tiers au denoncia-
teur, sans que nous en puis-
sions faire aucune remise. Et
afin que nostre intention &
volonté contenuë en ce pre-
sent Edict soit exactement
executee, Nous defendons
tres-expressément à tous
Marchands, tant nos subjets
qu'Estrangers, d'apporter &
faire entrer en nostre Royaume, païs, terres & seigneuries de nostre obeissance, aucuns passemens, poincts
couppez,

couppez & dentelles, de
quelque façon & qualité
qu'elles foient, fur peine de
confifcation de toutes lefdi-
tes marchandifes & de punition corporelle, pour ceux
qui en feront les porteurs &
conducteurs au preiudice
de nos defenfes. Ordonnons
à tous Gouuerneurs & Ca-
pitaines de nos places fron-
tieres, Baillifs, Senefchaux,
Preuofts, ou leurs Lieutenans, Confuls & Magiftrats
des Villes, Capitaines &
Gardes eftablis aux Portes
d'icelles, & fur nos Ports,

B

Ponts & paſſages d'y veiller
exactement , & de tenir la
main à l'execution de noſtre
preſente defenſe. Et où aucuns d'eux apporteroient de
la tolerance ou conniuen-
ce auec leſdits Marchands,
Nous entédons qu'eux meſ-
mes en ſoient punis comme
refractaires à nos Edicts par
la priuatiõ de leurs charges,
& autres peines portees par
nos Ordonnances. Defen-
dons auſſi à tous Marchãds
Lingers & Lingeres nos ſujets, ou autres habituez aux
Villes de noſtre Royaume,

de faire aucun achapt, vente
ny debit à nos ſujets eſdites
Villes ny ailleurs en noſtre
Royaume, & terres de no-
ſtre obeiſſance, deſdits paſſemens, poincts couppez &
dentelles, ſur peine de con-
fiſcation deſdites marchan-
diſes pour la premiere fois,
& de punition corporelle
pour la ſeconde, ny de tra-
uailler en ouurages où il y
ayt paſſemés, poincts couppez & dentelles ſur les meſ-
mes peines. Et d'autant que
noſtre intention en faiſant
cette Ordonnance, eſt prin-

cipalement pour eſpargner
la deſpenſe que nos ſujets
conſomment eſdits ouura-
ges, Nous leur auons permis
& permettons d'vſer leſdits
paſſemens, poinſts couppez
& dentelles qu'ils pourroiét
auoir, iuſques au iour &
Feſte de la Touſſainſts pro-
chain : Lequel iour paſſé,
Nous voulons & ordōnons
eſtre procedé contre les con-
treuenans, ſelon la teneur &
rigueur des preſentes. En-
tendans que la defenſe de
l'entree en noſtre Royaume
deſdits paſſemens, poinſts

couppez & dentelles manu-
facturees és païs Estrangers,
aye lieu du iour de la publi-
catiõ desdites presentes, sans
aucune remise. S i donnons
en mandement à nos amez
& feaux les gens tenans nos
Cours de Parlemens , & à
tous nos Baillifs , Senes-
chaux , Preuosts, Iuges ou
leurs Lieutenans, & autres
nos Iusticiers & Officiers
qu'il appartiendra, que les
presentes ils facent lire, pu-
blier & enregistrer par tous
les lieux & endroits de leurs
ressorts , & icelles de point

en point entretenir, garder, obseruer & executer inuiolablement. Enjoignans tres-expressément à nos Procureurs, Generaux ou leurs Substituts d'y tenir la main, & faire pour cet effect toutes poursuittes & instances pour ce requises & necessaires: Car tel est nostre plaisir. Et d'autant que de ces presentes l'on pourra auoir affaire en plusieurs & diuers lieux, Nous voulons qu'au vidimus d'icelles deument collationné, foy soit adioustee comme au pre-

sent original, Auquel en tes-
moin de ce, Nous auons fait
mettre nostre seel.

Donné à Paris au mois de
Iuin, l'an de grace mil six
cens vingt-six. Et de nostre
regne le dix-septiesme.

Signé,   LOVIS.
Et sur le reply,   Par le Roy.
         DE LOMENIE.

Et à costé, Visa. Et seellé du
grand sceau de cire verte sur
lacs de soye rouge & verte.
Et sur ledit reply, est encore
escrit,

Leuës, publiees et registrees,
Ouy, et ce consentant le Procu-

reur General du Roy, Pour estre
executees, gardees et obseruees se-
lon leur forme et teneur, et coppies
collationnees d'icelles, enuoyees aux
Bailliages et Seneschaussees de ce
ressort, pour y estre pareillement
leuës, publiees, regiſtrees et executees à la diligence des Subſtituts
dudit Procureur General, Auſ-
quels enjoint d'y tenir la main, et
d'en certifier la Cour auoir ce faiĉt
au mois. A Paris en Parlement le
vingt-deuxieſme Iuin, mil ſix cens
vingt-ſix.

Signé,　　DV TILLET.